Finanzielle Freiheit:
Dein Weg zu Wohlstand und Sicherheit

Autor: David Stark

Ausgabe 1, 2024

Impressum

Titel des Buches:

Finanzielle Freiheit: Dein Weg zu Wohlstand und Sicherheit

Autor:
David Stark

Herausgeber:
Can Solmaz
Immenbusch 29
22549 Hamburg
Kontakt:
E-Mail: support@davidstarkbooks.com

1. Auflage, 2024

Urheberrecht:
© 2024 David Stark. Alle Rechte vorbehalten.
Dieses Buch oder Teile davon dürfen ohne die ausdrückliche schriftliche Erlaubnis des Autors nicht vervielfältigt, in einem Datenabrufsystem gespeichert oder in irgendeiner Form oder auf irgendeine Weise, elektronisch, mechanisch, durch Fotokopien, Aufnahmen oder auf andere Weise übertragen werden.

Haftungsausschluss:
Die Informationen in diesem Buch dienen ausschließlich zu Bildungs- und Informationszwecken. Der Autor und der Herausgeber übernehmen keine Haftung für etwaige Verluste oder Schäden, die direkt oder indirekt aus der Nutzung der Informationen in diesem Buch resultieren. Finanzielle Entscheidungen sollten auf der Grundlage individueller Umstände und nach Beratung durch qualifizierte Fachleute getroffen werden.

Dieses Buch ist als E-Book und in gedruckter Form über Amazon erhältlich.

Einführung

Begrüßung und Vorstellung

Herzlich willkommen zu "Finanzielle Freiheit: Dein Weg zu Wohlstand und Sicherheit". Ich freue mich, dass du den ersten Schritt in Richtung einer finanziell unabhängigen Zukunft machst. Mein Name ist David Stark und ich habe es mir zur Aufgabe gemacht, Menschen wie dir dabei zu helfen, ihre finanziellen Ziele zu erreichen und ein Leben in Wohlstand und Sicherheit zu führen. Dieses Buch wird dir zeigen, wie du deine Finanzen effektiv verwalten, deine Schulden abbauen, sinnvoll investieren und für deine Zukunft planen kannst.

Bedeutung finanzieller Freiheit

Finanzielle Freiheit bedeutet, die Kontrolle über deine Finanzen zu haben, ohne sich Sorgen um unerwartete Ausgaben oder den nächsten Gehaltsscheck machen zu müssen. Es geht darum, genug Ersparnisse und Investitionen zu haben, um deinen Lebensstil zu finanzieren und gleichzeitig deine Zukunft abzusichern. Finanzielle Freiheit gibt dir die Möglichkeit, deine Träume zu verwirklichen, sei es das Reisen, der Kauf eines Eigenheims oder der Start eines eigenen Unternehmens. Es ermöglicht dir auch, dich auf das zu konzentrieren, was dir wirklich wichtig ist, ohne ständig finanzielle Sorgen im Hinterkopf zu haben.

Ziele des Buches

In diesem Buch wirst du lernen, wie du deine Finanzen organisierst, Schulden abbaust, sinnvoll investierst und für den Ruhestand vorsorgst. Jeder Abschnitt ist so gestaltet, dass er dir praxisnahe Tipps und Strategien an die Hand gibt, die du sofort umsetzen kannst. Unser Ziel ist es, dich Schritt für Schritt zu begleiten, bis du deine finanzielle Freiheit erreichst. Wir werden auf dem Weg viele Themen behandeln, darunter Budgetierung, Sparen, Investitionen, Schuldenmanagement und Altersvorsorge. Jede dieser Komponenten ist ein wichtiger Baustein auf dem Weg zu deiner finanziellen Unabhängigkeit.

Kapitel 1: Grundlagen der persönlichen Finanzen

Was sind persönliche Finanzen?

Persönliche Finanzen umfassen alle finanziellen Entscheidungen und Aktivitäten eines Individuums oder einer Familie, einschließlich Einnahmen, Ausgaben, Sparen, Investitionen und Schuldenmanagement. Es ist das Zusammenspiel all dieser Elemente, das deine finanzielle Gesundheit bestimmt. Verstehst du deine persönlichen Finanzen gut, kannst du bessere Entscheidungen treffen, um deine finanziellen Ziele zu erreichen.

Persönliche Finanzen beginnen mit einem grundlegenden Verständnis deines Einkommens und deiner Ausgaben. Dein Einkommen besteht aus allen Geldbeträgen, die du erhältst, sei es durch Arbeit, Investitionen oder andere Einkommensquellen. Deine Ausgaben sind alle Gelder, die du ausgibst, um deinen Lebensunterhalt zu bestreiten. Ein positiver Unterschied zwischen Einkommen und Ausgaben ermöglicht es dir, Geld zu sparen und zu investieren.

Notizen

Deine Gedanken und Erkenntnisse

[— —]

[— —]

[— —]

[— —]

[— —]

[— —]

[— —]

[— —]

[— —]

[— —]

Einkommen, Ausgaben, Ersparnisse, Investitionen

Um die Welt der Finanzen zu verstehen, müssen wir zunächst einige grundlegende Begriffe klären:

- **Einkommen**: Dies ist das Geld, das du verdienst, sei es durch Arbeit, Investitionen oder andere Einkommensquellen. Es ist die Grundlage deiner finanziellen Aktivitäten. Dein Einkommen kann aus verschiedenen Quellen stammen, wie Gehalt, Nebeneinkünfte, Dividenden oder Zinsen.

- **Ausgaben**: Dies umfasst alle Gelder, die du ausgibst, sei es für Miete, Lebensmittel, Unterhaltung oder andere Bedürfnisse. Das Ziel ist es, deine Ausgaben unter deinem Einkommen zu halten, um Ersparnisse zu generieren. Es ist wichtig, deine Ausgaben zu kategorisieren, um zu sehen, wo dein Geld hingeht und wo du möglicherweise sparen kannst.

- **Ersparnisse**: Dies ist der Teil deines Einkommens, den du nicht ausgibst und für zukünftige Bedürfnisse oder Investitionen zurücklegst. Ersparnisse sind entscheidend, um finanzielle Puffer und Notfallfonds aufzubauen. Ein guter Ansatz ist, einen festen Prozentsatz deines Einkommens jeden Monat zu sparen.

- **Investitionen**: Dies sind Gelder, die du in Vermögenswerte wie Aktien, Anleihen, Immobilien oder andere Anlageformen investierst, um im Laufe der Zeit eine Rendite zu erzielen. Investitionen sind ein wesentlicher Bestandteil des Vermögensaufbaus. Das Ziel des Investierens ist es, dein Geld für dich arbeiten zu lassen und im Laufe der Zeit Vermögen zu generieren.

Warum persönliche Finanzen wichtig sind

Das Verständnis und die Kontrolle über deine persönlichen Finanzen können dir helfen, deine finanziellen Ziele zu erreichen, Stress zu reduzieren und ein sichereres und erfüllteres Leben zu führen. Hier sind einige Gründe, warum persönliche Finanzen wichtig sind:

1. **Sicherheit:** Ein solides finanzielles Fundament bietet Schutz vor unerwarteten Ereignissen wie Jobverlust oder medizinischen Notfällen. Wenn du finanzielle Reserven hast, kannst du unerwartete Ausgaben besser bewältigen, ohne in finanzielle Schwierigkeiten zu geraten.

2. **Freiheit:** Finanzielle Unabhängigkeit ermöglicht es dir, Entscheidungen zu treffen, die nicht ausschließlich von finanziellen Einschränkungen beeinflusst werden. Du kannst deine Träume und Ziele verfolgen, ohne ständig über Geld nachdenken zu müssen.

3. **Planung:** Ein guter Finanzplan hilft dir, deine kurz- und langfristigen Ziele zu erreichen, sei es ein Hauskauf, eine Reise oder der Ruhestand. Mit einem klaren Plan kannst du deine Fortschritte verfolgen und sicherstellen, dass du auf dem richtigen Weg bist.

4. **Stressreduktion:** Wenn du weißt, dass deine Finanzen in Ordnung sind, kannst du dich entspannen und musst dir weniger Sorgen um die Zukunft machen. Finanzielle Stabilität trägt erheblich zu deinem allgemeinen Wohlbefinden bei.

Die Rolle der Finanzbildung

Finanzbildung ist der Schlüssel zur Kontrolle deiner Finanzen. Sie hilft dir, fundierte Entscheidungen zu treffen und komplexe finanzielle Konzepte zu verstehen. Finanzbildung kann durch Bücher, Kurse, Seminare oder den Rat von Finanzberatern erlangt werden. Je mehr du über Finanzen weißt, desto besser kannst du deine finanzielle Zukunft gestalten.

Ein gut informierter Mensch kann bessere Entscheidungen treffen, sei es bei der Auswahl von Investitionen, der Planung des Ruhestands oder dem Umgang mit Schulden. Finanzbildung ist ein fortlaufender Prozess, und es ist wichtig, sich ständig weiterzubilden und auf dem Laufenden zu bleiben.

Einfache Rechenbeispiele und Anwendungsfälle

Um die Grundlagen der persönlichen Finanzen besser zu verstehen, helfen einfache Rechenbeispiele und praktische Anwendungen. Hier sind einige grundlegende Beispiele:

- **Berechnung des monatlichen Budgets**:
    - Monatliches Einkommen: 2.500 Euro
    - Monatliche Ausgaben: 2.000 Euro
    - Ersparnisse: 500 Euro (2.500 Euro - 2.000 Euro)
- **Erstellen eines Sparplans**:
    - Ziel: 10.000 Euro in 2 Jahren sparen
    - Monatliche Sparrate: 10.000 Euro / 24 Monate = 417 Euro
- **Investitionsbeispiel**:
    - Monatliche Investition: 100 Euro
    - Jährliche Rendite: 7%
    - Nach 10 Jahren: 100 Euro x 12 Monate x 10 Jahre + Zinsen ≈ 17.000 Euro

Notizen

Deine Gedanken und Erkenntnisse

[— —]
[— —]
[— —]
[— —]
[— —]
[— —]
[— —]
[— —]

2: Budgetierung und Sparen

Erstellung eines Budgets

Ein Budget ist ein finanzieller Plan, der deine Einnahmen und Ausgaben über einen bestimmten Zeitraum hinweg aufschlüsselt. Es hilft dir, die Kontrolle über deine Finanzen zu behalten und sicherzustellen, dass du nicht mehr ausgibst, als du verdienst. Hier sind die Schritte zur Erstellung eines effektiven Budgets:

1. **Bestimme dein monatliches Einkommen**: Addiere alle Einkommensquellen, einschließlich Gehalt, Nebeneinkünfte und andere Einnahmen. Dein Nettoeinkommen ist der Betrag, den du tatsächlich zur Verfügung hast, nachdem Steuern und andere Abzüge berücksichtigt wurden.

2. **Liste alle monatlichen Ausgaben auf**: Unterteile sie in feste Ausgaben (wie Miete, Versicherungen) und variable Ausgaben (wie Lebensmittel, Unterhaltung). Eine detaillierte Aufschlüsselung deiner Ausgaben hilft dir, Einsparpotenziale zu identifizieren.

3. **Setze Sparziele**: Lege einen festen Betrag fest, den du jeden Monat sparen möchtest. Dies könnte ein Prozentsatz deines Einkommens sein oder ein fixer Betrag, je nachdem, was für dich am besten funktioniert.

4. **Überwache und passe dein Budget an**: Überprüfe regelmäßig dein Budget und passe es bei Bedarf an, um sicherzustellen, dass du deine finanziellen Ziele erreichst. Eine monatliche Überprüfung hilft dir, auf dem richtigen Weg zu bleiben und notwendige Anpassungen vorzunehmen.

Ein effektives Budget sollte flexibel genug sein, um unvorhergesehene Ausgaben abzudecken, aber auch streng genug, um dich auf dem Weg zu deinen finanziellen Zielen zu halten. Es ist ein lebendiges Dokument, das sich mit deinen Lebensumständen ändert.

Spartipps für den Alltag

Sparen ist eine Schlüsselkomponente der finanziellen Freiheit. Hier sind einige praktische Tipps, die dir helfen können, im Alltag Geld zu sparen:

- **Automatisiere deine Ersparnisse**: Richte automatische Überweisungen auf dein Sparkonto ein, um sicherzustellen, dass du regelmäßig sparst. Automatisierung nimmt dir die Entscheidung ab und stellt sicher, dass das Sparen zur Gewohnheit wird.

- **Vermeide Impulskäufe**: Plane deine Einkäufe im Voraus und halte dich an deine Einkaufsliste. Warte 24 Stunden, bevor du größere Anschaffungen tätigst, um sicherzustellen, dass du sie wirklich brauchst.

- **Suche nach Angeboten und Rabatten**: Nutze Coupons, Rabattaktionen und Vergleichsportale, um das Beste aus deinem Geld herauszuholen. Es gibt viele Apps und Websites, die dir dabei helfen können, die besten Angebote zu finden.

- **Reduziere unnötige Abonnements**: Überprüfe regelmäßig deine Abonnements und kündige diejenigen, die du nicht nutzt. Kleine monatliche Beträge können sich im Laufe der Zeit summieren.

- **Kochen statt auswärts essen**: Selbst zu kochen ist in der Regel günstiger und gesünder als regelmäßig auswärts zu essen. Plane deine Mahlzeiten im Voraus und kaufe in großen Mengen ein, um Geld zu sparen.

- **Führe ein Haushaltsbuch**: Notiere jeden Tag deine Ausgaben, um ein besseres Verständnis deiner Ausgabengewohnheiten zu bekommen und Sparpotenziale zu identifizieren.

Notfallfonds und dessen Bedeutung

Ein Notfallfonds ist ein finanzielles Polster, das für unerwartete Ausgaben wie medizinische Notfälle, Autoreparaturen oder Arbeitsplatzverlust gedacht ist. Es wird empfohlen, mindestens drei bis sechs Monate deiner Lebenshaltungskosten in einem leicht zugänglichen Konto zu sparen. Ein Notfallfonds gibt dir Sicherheit und verhindert, dass du in finanziellen Krisen auf Schulden zurückgreifen musst.

Ein Notfallfonds schützt dich nicht nur vor unerwarteten finanziellen Belastungen, sondern gibt dir auch die Freiheit, risikoärmere Investitionen zu tätigen, da du weißt, dass du im Falle eines Falles abgesichert bist. Die Einrichtung eines Notfallfonds sollte eine deiner ersten Prioritäten sein, bevor du mit anderen Investitionen beginnst.

Beispiel: Die Geschichte von Lisa und ihrem Notfallfonds

Lisa, eine 32-jährige Grafikdesignerin, begann vor fünf Jahren, einen Notfallfonds aufzubauen. Jeden Monat legte sie 10% ihres Einkommens beiseite. Als ihr Auto plötzlich eine teure Reparatur benötigte, konnte sie die Kosten problemlos aus ihrem Notfallfonds decken, ohne ihre Ersparnisse oder Investitionen anrühren zu müssen. Diese Erfahrung zeigte ihr die Bedeutung eines Notfallfonds und gab ihr die Sicherheit, weiter in ihre langfristigen finanziellen Ziele zu investieren.

Einfaches Rechenbeispiel: Notfallfonds

Angenommen, deine monatlichen Lebenshaltungskosten betragen 1.500 Euro. Um einen Notfallfonds für drei Monate anzulegen, müsstest du:

1.500 Euro (monatliche Kosten) x 3 Monate = 4.500 Euro sparen.

Wenn du monatlich 300 Euro zur Seite legst, brauchst du 15 Monate, um deinen Notfallfonds aufzubauen:

4.500 Euro / 300 Euro pro Monat = 15 Monate.

Notizen

Deine Gedanken und Erkenntnisse

[------------------------------]

[------------------------------]

[------------------------------]

[------------------------------]

[------------------------------]

[------------------------------]

[------------------------------]

[------------------------------]

[------------------------------]

Kapitel 3: Schuldenmanagement

Arten von Schulden

Schulden sind ein wesentlicher Bestandteil vieler finanzieller Leben, und es ist wichtig, die verschiedenen Arten von Schulden zu verstehen, um sie effektiv zu verwalten.

- **Gute Schulden**: Dies sind Schulden, die zur Wertsteigerung beitragen oder Einkommen generieren. Beispiele sind Hypothekendarlehen, die den Erwerb von Immobilien ermöglichen, oder Studiendarlehen, die Investitionen in Bildung darstellen. Diese Schulden können als gute Schulden betrachtet werden, da sie langfristig zu finanziellen Vorteilen führen können.

- **Schlechte Schulden**: Diese Schulden entstehen durch Konsumkredite wie Kreditkartenschulden oder Autokredite, die keine langfristige Wertsteigerung bieten. Sie haben oft hohe Zinssätze und können zu finanziellen Problemen führen, wenn sie nicht kontrolliert werden.

Notizen

Deine Gedanken und Erkenntnisse

[------------------------------]
[------------------------------]
[------------------------------]
[------------------------------]
[------------------------------]
[------------------------------]
[------------------------------]
[------------------------------]
[------------------------------]
[------------------------------]
[------------------------------]

Zur Schuldenreduzierung

Die Reduzierung von Schulden erfordert Disziplin und einen klaren Plan. Hier sind einige Strategien, die dir helfen können:

1. **Erstelle eine Schuldenliste**: Führe eine Liste aller deiner Schulden, einschließlich Zinssätze und monatliche Zahlungen. Diese Übersicht hilft dir, den Gesamtumfang deiner Schulden zu verstehen und Prioritäten zu setzen.

2. **Zahle zuerst die Schulden mit dem höchsten Zinssatz ab**: Diese Strategie, bekannt als "Lawinen-Methode", konzentriert sich darauf, die Schulden mit den höchsten Zinsen zuerst zu tilgen, um die Gesamtzinsbelastung zu reduzieren.

3. **Die Schneeball-Methode**: Alternativ kannst du die "Schneeball-Methode" anwenden, bei der du die kleinsten Schulden zuerst abzahlst. Dies kann dir psychologisch helfen, Motivation und Schwung beizubehalten, indem du schnelle Erfolge siehst.

4. **Verhandle niedrigere Zinssätze**: Kontaktiere deine Gläubiger und versuche, niedrigere Zinssätze oder günstigere Zahlungsbedingungen auszuhandeln. Manchmal sind Gläubiger bereit, Zinssätze zu senken oder Zahlungspläne zu ändern, um sicherzustellen, dass du die Schulden zurückzahlst.

5. **Erwäge eine Umschuldung**: Konsolidiere deine Schulden zu einem Darlehen mit niedrigerem Zinssatz, um deine monatlichen Zahlungen zu reduzieren. Dies kann durch persönliche Kredite oder spezielle Konsolidierungsdarlehen erfolgen.

6. **Zusätzliche Einnahmenquellen**: Überlege, wie du zusätzliches Einkommen generieren kannst, sei es durch Nebenjobs, freiberufliche Arbeit oder den Verkauf nicht benötigter Gegenstände. Zusätzliche Einkünfte können direkt zur Schuldentilgung verwendet werden.

Schuldenfallen vermeiden

Um langfristig schuldenfrei zu bleiben, ist es wichtig, Schuldenfallen zu vermeiden:

- **Lebensstil-Inflation**: Erhöhe deine Ausgaben nicht proportional zu deinem Einkommen. Selbst wenn dein Einkommen steigt, halte deine Ausgaben unter Kontrolle und vermeide unnötige Luxusausgaben.

- **Übermäßiger Gebrauch von Kreditkarten**: Nutze Kreditkarten verantwortungsvoll und zahle den gesamten Betrag monatlich ab. Vermeide es, nur die Mindestzahlungen zu leisten, da dies die Rückzahlung der Schulden verlängert und die Zinskosten erhöht.

- **Unnötige Kredite**: Vermeide Kredite für nicht notwendige Anschaffungen oder Luxusgüter. Frage dich vor jeder Kreditaufnahme, ob die Anschaffung wirklich notwendig ist und ob du die Rückzahlung problemlos bewältigen kannst.

- **Finanzielle Disziplin**: Bleibe bei deinem Budget und deinen finanziellen Zielen. Überprüfe regelmäßig deine Finanzen und passe deine Strategien an, um sicherzustellen, dass du auf dem richtigen Weg bleibst.

Notizen

Deine Gedanken und Erkenntnisse

[— —]
[— —]
[— —]
[— —]
[— —]
[— —]
[— —]
[— —]
[— —]
[— —]

Die Schuldenreise von Max

Max, ein 28-jähriger Softwareentwickler, hatte nach seinem Studium eine erhebliche Menge an Kreditkartenschulden angesammelt. Mit einem klaren Plan und der Anwendung der Lawinen-Methode konnte er innerhalb von drei Jahren alle seine Schulden tilgen. Er begann damit, eine detaillierte Schuldenliste zu erstellen und zahlte zuerst die Schulden mit den höchsten Zinssätzen ab. Parallel dazu verhandelte er erfolgreich niedrigere Zinssätze mit einigen seiner Gläubiger. Max nutzte auch seine Programmierfähigkeiten, um nebenbei freiberuflich zu arbeiten und zusätzliches Einkommen zu generieren, das er direkt zur Schuldentilgung verwendete. Heute ist Max schuldenfrei und spart fleißig für seine langfristigen finanziellen Ziele.

Einfaches Rechenbeispiel: Schuldenabbau

Angenommen, du hast 5.000 Euro Kreditkartenschulden mit einem Zinssatz von 18% pro Jahr und du zahlst monatlich 200 Euro ab.

1. Berechne die monatlichen Zinsen: (18% / 12 Monate) = 1.5% pro Monat.
2. Im ersten Monat: 5.000 Euro x 1.5% = 75 Euro Zinsen.
3. Deine Zahlung von 200 Euro wird wie folgt aufgeteilt: 75 Euro für Zinsen und 125 Euro zur Reduzierung der Schulden.

Das bedeutet, nach der ersten Zahlung beträgt dein Schuldenstand 4.875 Euro (5.000 Euro - 125 Euro). Im nächsten Monat zahlst du Zinsen auf 4.875 Euro usw. Mit diesem Plan und durch regelmäßige Zahlungen reduzierst du deine Schulden systematisch.

Notizen

Deine Gedanken und Erkenntnisse

[— —]

[— —]

[— —]

[— —]

[— —]

[— —]

[— —]

Kapitel 4: Investitionen verstehen

Grundlagen des Investierens

Investieren ist ein wesentlicher Bestandteil des Vermögensaufbaus. Es ermöglicht dir, dein Geld zu vermehren und langfristig Wohlstand zu schaffen. Hier sind einige grundlegende Prinzipien des Investierens:

- **Diversifikation**: Streue deine Investitionen über verschiedene Anlageklassen, um das Risiko zu minimieren. Durch die Verteilung deines Kapitals auf verschiedene Vermögenswerte kannst du die Auswirkungen von Verlusten in einer Anlageklasse ausgleichen.

- **Langfristige Perspektive**: Investiere mit einem langfristigen Horizont, um von Zinseszinsen und Marktwachstum zu profitieren. Kurzfristige Marktbewegungen sind schwer vorherzusagen, aber langfristig tendieren Märkte dazu, zu wachsen.

- **Regelmäßige Beiträge**: Investiere regelmäßig, unabhängig von den Marktbedingungen, um den Durchschnittskosteneffekt zu nutzen. Durch regelmäßige Investitionen kannst du die Schwankungen des Marktes ausgleichen und von niedrigen Preisen profitieren.

Verschiedene Anlageklassen

Es gibt verschiedene Anlageklassen, die unterschiedliche Risiken und Renditen bieten:

- **Aktien**: Beteiligungen an Unternehmen, die potenziell hohe Renditen, aber auch höhere Risiken bieten. Aktien können durch Kurssteigerungen und Dividenden Einkommen generieren.

- **Anleihen**: Schuldtitel, die in der Regel stabile Erträge und geringeres Risiko bieten. Anleihen zahlen Zinsen und können eine sichere Einkommensquelle darstellen, besonders in Zeiten von Marktschwankungen.

- **Immobilien**: Investitionen in Grundstücke oder Gebäude, die Mieteinnahmen und Wertsteigerungen bieten können. Immobilien sind eine greifbare Anlageklasse, die sowohl laufende Einnahmen als auch potenzielle Wertsteigerungen bietet.

- **Investmentfonds und ETFs**: Diese bündeln viele verschiedene Anlagen, um Diversifikation und professionelles Management zu bieten. Sie sind eine gute Option für Anleger, die eine breite

Marktabdeckung suchen, ohne einzelne Anlagen selbst auswählen zu müssen.

- **Rohstoffe**: Investitionen in physische Güter wie Gold, Silber, Öl oder landwirtschaftliche Produkte. Rohstoffe können als Absicherung gegen Inflation und wirtschaftliche Unsicherheiten dienen.

Risikomanagement

Beim Investieren ist es wichtig, Risiken zu managen:

- **Risikotoleranz bestimmen**: kenne deine persönliche Risikobereitschaft und investiere entsprechend. Deine Risikotoleranz hängt von deinem Alter, deinen finanziellen Zielen und deiner finanziellen Situation ab.

- **Notfallfonds behalten**: Halte immer einen Notfallfonds, um unerwartete finanzielle Bedürfnisse zu decken. Dieser Fonds sollte in leicht zugänglichen und risikoarmen Anlagen gehalten werden.

- **Regelmäßige Überprüfung**: Überprüfe regelmäßig dein Portfolio und passe es bei Bedarf an, um deine Ziele zu erreichen. Finanzmärkte und persönliche Umstände ändern sich, und dein Portfolio sollte entsprechend angepasst werden.

- **Disziplin und Geduld**: Halte dich an deine Anlagestrategie und vermeide impulsive Entscheidungen aufgrund von Marktvolatilität. Langfristiger Erfolg beim Investieren erfordert Disziplin und Geduld.

Investitionsstrategien

Es gibt verschiedene Strategien, die du beim Investieren anwenden kannst, um deine Ziele zu erreichen:

- **Buy and Hold:** Diese Strategie beinhaltet den Kauf von Vermögenswerten und das langfristige Halten, unabhängig von kurzfristigen Marktschwankungen. Sie basiert auf der Überzeugung, dass Märkte langfristig wachsen.

- **Value Investing:** Diese Strategie konzentriert sich auf den Kauf von unterbewerteten Vermögenswerten in der Hoffnung, dass ihr Marktwert steigt. Value-Investoren suchen nach Aktien, die zu einem Preis unter ihrem tatsächlichen Wert gehandelt werden.

- **Growth Investing:** Diese Strategie konzentriert sich auf den Kauf von Aktien von Unternehmen, die ein hohes Wachstumspotenzial haben. Growth-Investoren sind bereit, höhere Preise für Unternehmen zu zahlen, die sie für zukunftsträchtig halten.

- **Income Investing:** Diese Strategie konzentriert sich auf Anlagen, die regelmäßige Einkommen bieten, wie Dividendenaktien und Anleihen. Ziel ist es, ein stetiges Einkommen aus den Investitionen zu erzielen.

Notizen

Deine Gedanken und Erkenntnisse

[------------------------------------]
[------------------------------------]
[------------------------------------]
[------------------------------------]
[------------------------------------]
[------------------------------------]
[------------------------------------]
[------------------------------------]
[------------------------------------]
[------------------------------------]

Beispiel: Sarahs Investmentreise

Sarah, eine 35-jährige Lehrerin, begann mit dem Investieren, nachdem sie erkannte, dass ihr Einkommen und ihre Ersparnisse nicht ausreichen würden, um ihre langfristigen Ziele zu erreichen. Sie entschied sich für eine diversifizierte Anlagestrategie, indem sie in eine Mischung aus Aktien, Anleihen und Immobilien investierte. Sarah nutzte die Buy-and-Hold-Strategie und blieb diszipliniert, selbst während Marktvolatilitäten. Durch regelmäßige Investitionen und eine langfristige Perspektive konnte Sarah ihr Portfolio kontinuierlich wachsen lassen. Heute hat sie ein beträchtliches Vermögen aufgebaut und ist auf dem besten Weg, ihre finanziellen Ziele zu erreichen.

Einfaches Rechenbeispiel: Investitionen

Angenommen, du investierst monatlich 100 Euro in einen Aktien-ETF mit einer durchschnittlichen jährlichen Rendite von 7%. Hier ist, wie sich dein Investment über 10 Jahre entwickeln könnte:

- **Monatliche Investition**: 100 Euro
- **Jährliche Rendite**: 7%
- **Dauer**: 10 Jahre

Nach 10 Jahren hast du insgesamt 12.000 Euro eingezahlt (100 Euro x 12 Monate x 10 Jahre). Durch den Zinseszins wächst dein Investment auf etwa 17.000 Euro. Das bedeutet, du hast durch die Zinsen zusätzlich 5.000 Euro verdient.

Rechenbeispiel zur Wertentwicklung bei längerer Anlagedauer

Betrachten wir nun eine längere Anlagedauer von 30 Jahren mit der gleichen monatlichen Investition und Rendite:

- **Monatliche Investition**: 100 Euro
- **Jährliche Rendite**: 7%
- **Dauer**: 30 Jahre

Nach 30 Jahren hast du insgesamt 36.000 Euro eingezahlt (100 Euro x 12 Monate x 30 Jahre). Durch den Zinseszins wächst dein Investment auf etwa 122.000 Euro. Der erhebliche Unterschied im Endwert zeigt die Macht des Zinseszinses und die Vorteile einer langfristigen Anlagestrategie.

Kapitel 5: Ruhestand planen

Bedeutung der Altersvorsorge

Die Altersvorsorge ist entscheidend, um im Ruhestand einen angenehmen Lebensstil zu führen. Ohne ausreichende Vorsorge könnten dir im Alter finanzielle Mittel fehlen, um deine Grundbedürfnisse zu decken und deine Wünsche zu erfüllen. Eine gut geplante Altersvorsorge gibt dir Sicherheit und die Freiheit, deinen Ruhestand ohne finanzielle Sorgen zu genießen.

Verschiedene Altersvorsorgeprodukte

Es gibt verschiedene Möglichkeiten, für den Ruhestand zu sparen. Hier sind einige der gängigsten Altersvorsorgeprodukte:

- **Rentenversicherungen**: Diese Produkte bieten regelmäßige Zahlungen im Ruhestand und können staatlich gefördert sein. Es gibt verschiedene Arten von Rentenversicherungen, darunter private Rentenversicherungen und betriebliche Altersvorsorgepläne.

- **Betriebliche Altersvorsorge**: Dies sind vom Arbeitgeber angebotene Vorsorgepläne, oft mit zusätzlichem Beitrag des Arbeitgebers. Sie können als Direktversicherung, Pensionskasse oder Pensionsfonds organisiert sein.

- **Private Rentenversicherungen**: Individuelle Vorsorgepläne, die du unabhängig von deinem Arbeitgeber abschließen kannst. Sie bieten Flexibilität und verschiedene Auszahlungsoptionen.

- **Investitionsbasierte Vorsorge**: Nutzung von Aktien, Anleihen und Immobilien zur Vermögensbildung für den Ruhestand. Diese Strategie erfordert ein aktiveres Management und ein Verständnis der Finanzmärkte.

- **Riester-Rente**: Ein staatlich gefördertes Altersvorsorgeprodukt in Deutschland, das besonders für Angestellte und Familien attraktiv ist. Es bietet Zulagen und Steuervorteile.

Wie viel sollte man sparen?

Die Höhe der notwendigen Ersparnisse für den Ruhestand hängt von verschiedenen Faktoren ab:

- **Lebensstil**: Bestimme, welchen Lebensstil du im Ruhestand führen möchtest und welche Kosten damit verbunden sind. Überlege dir, ob du reisen, ein Hobby verfolgen oder einfach in deinem derzeitigen Lebensstandard weiterleben möchtest.

- **Lebenserwartung**: Plane für eine längere Lebensdauer, um sicherzustellen, dass deine Ersparnisse ausreichen. Es ist ratsam, konservativ zu planen und eine längere Lebenserwartung zu berücksichtigen.

- **Inflation**: Berücksichtige die Inflation, um die Kaufkraft deiner Ersparnisse zu erhalten. Deine Ersparnisse sollten so investiert werden, dass sie mindestens die Inflationsrate ausgleichen.

Ein allgemeiner Richtwert ist, dass du etwa 70-80% deines aktuellen Einkommens im Ruhestand benötigen wirst. Es wird empfohlen, mindestens 15% deines Einkommens für den Ruhestand zu sparen. Verschiedene Online-Rechner und Finanzberater können dir helfen, eine genauere Zahl zu ermitteln, basierend auf deinen individuellen Umständen und Zielen.

Notizen

Deine Gedanken und Erkenntnisse

[——————————————————————————]
[——————————————————————————]
[——————————————————————————]
[——————————————————————————]
[——————————————————————————]
[——————————————————————————]
[——————————————————————————]
[——————————————————————————]
[——————————————————————————]
[——————————————————————————]

Strategien zur Altersvorsorge

Es gibt verschiedene Strategien, um sicherzustellen, dass du ausreichend für den Ruhestand vorsorgst:

- **Früh anfangen:** Je früher du anfängst zu sparen, desto mehr Zeit haben deine Ersparnisse, durch Zinseszinsen zu wachsen. Auch kleine Beträge, die früh gespart werden, können im Laufe der Zeit erheblich anwachsen.

- **Regelmäßige Beiträge:** Zahle regelmäßig in deine Altersvorsorgepläne ein. Konsistenz ist der Schlüssel zum Aufbau eines soliden Altersvorsorgevermögens.

- **Diversifikation:** Streue deine Altersvorsorge über verschiedene Anlageklassen, um das Risiko zu minimieren. Ein diversifiziertes Portfolio kann dich vor Verlusten schützen und gleichzeitig Chancen auf Wachstum bieten.

- **Überprüfung und Anpassung:** Überprüfe regelmäßig deine Altersvorsorgepläne und passe sie an, wenn sich deine Lebensumstände oder finanziellen Ziele ändern. Ein Finanzberater kann dir helfen, die richtige Balance zu finden und deine Pläne an neue Gegebenheiten anzupassen.

Die Rolle von staatlichen Renten

In vielen Ländern spielt die staatliche Rente eine wichtige Rolle in der Altersvorsorge. Sie bietet eine Grundversorgung, auf die du aufbauen kannst. Informiere dich über die Höhe deiner staatlichen Rentenansprüche und wie sie in deine Gesamtstrategie passen. In Deutschland beispielsweise ist die gesetzliche Rentenversicherung ein wichtiger Bestandteil der Altersvorsorge.

Beispiel: Peters Ruhestandsplanung

Peter, ein 45-jähriger Ingenieur, begann früh mit seiner Ruhestandsplanung. Er nutzte eine Kombination aus betrieblicher Altersvorsorge, privaten Rentenversicherungen und Investitionen in Aktien und Immobilien. Jährlich überprüfte er seine Pläne und passte sie an seine aktuellen Lebensumstände an. Durch regelmäßige Beiträge und kluge Investitionen konnte Peter ein beträchtliches Altersvorsorgevermögen aufbauen. Er plante, mit 65 Jahren in den Ruhestand zu gehen und hatte die Sicherheit, dass seine Ersparnisse und Investitionen ausreichen würden, um seinen gewünschten Lebensstil zu finanzieren.

Einfaches Rechenbeispiel: Altersvorsorge

Angenommen, du möchtest in 30 Jahren in den Ruhestand gehen und schätzt, dass du monatlich 2.000 Euro zum Leben benötigst. Mit einer Lebenserwartung von 90 Jahren planst du für 25 Jahre Ruhestand.

- **Benötigtes Kapital**: 2.000 Euro x 12 Monate x 25 Jahre = 600.000 Euro

Wenn du 30 Jahre Zeit hast zu sparen und investierst monatlich 500 Euro bei einer jährlichen Rendite von 7%, kannst du dein Ziel erreichen:

- Nach 30 Jahren beträgt der Gesamtwert deiner Investition etwa 600.000 Euro.

Notizen

Deine Gedanken und Erkenntnisse

[— —]
[— —]
[— —]
[— —]
[— —]
[— —]
[— —]
[— —]
[— —]
[— —]
[— —]
[— —]
[— —]

Kapitel 6: Steuern und Versicherungen

Grundlagen des Steuersystems

Steuern sind ein komplexes, aber wichtiges Thema, das deine finanziellen Entscheidungen beeinflusst. Hier sind einige Grundlagen:

- **Einkommenssteuer**: Diese Steuer wird auf dein Einkommen erhoben und variiert je nach Höhe deines Einkommens und deinem Steuersatz. Einkommenssteuer kann sowohl auf Löhne und Gehälter als auch auf Kapitalerträge erhoben werden.

- **Kapitalertragssteuer**: Diese Steuer wird auf Gewinne aus Investitionen erhoben, wie z.B. Aktiengewinne oder Zinsen aus Sparguthaben. Sie variiert je nach Land und Art der Investition.

- **Mehrwertsteuer (MwSt)**: Diese Steuer wird auf den Kauf von Waren und Dienstleistungen erhoben und ist in den meisten Ländern eine wichtige Einnahmequelle für den Staat.

Wichtige Versicherungen und deren Nutzen

Versicherungen schützen dich vor finanziellen Verlusten durch unerwartete Ereignisse. Einige wichtige Versicherungen sind:

- **Krankenversicherung**: Deckt medizinische Kosten ab und sorgt dafür, dass du im Krankheitsfall die notwendige Versorgung erhältst.

- **Haftpflichtversicherung**: Schützt vor Ansprüchen Dritter bei Schäden, die du verursachst. Sie ist besonders wichtig, da sie dich vor hohen finanziellen Forderungen bewahren kann.

- **Lebensversicherung**: Bietet finanzielle Unterstützung für deine Familie im Todesfall. Es gibt verschiedene Arten von Lebensversicherungen, darunter Risikolebensversicherungen und kapitalbildende Lebensversicherungen.

- **Berufsunfähigkeitsversicherung**: Sichert dein Einkommen bei Arbeitsunfähigkeit aufgrund von Krankheit oder Unfall. Diese Versicherung ist besonders wichtig für Personen, deren Einkommen von ihrer Arbeitsfähigkeit abhängt.

- **Hausratversicherung**: Deckt Schäden an deinem Hausrat durch Feuer, Einbruch, Wasser und andere Gefahren ab.

Steueroptimierung

Durch kluge Finanzplanung kannst du Steuern optimieren:

- **Steuerbegünstigte Konten**: Nutze Konten wie Renten- oder Bildungssparkonten, die steuerliche Vorteile bieten. In vielen Ländern gibt es spezielle Konten, die steuerliche Anreize für das Sparen bieten.

- **Abschreibungen und Freibeträge**: Informiere dich über mögliche steuerliche Abzüge und Freibeträge, die deine Steuerlast reduzieren können. Dazu gehören beispielsweise Werbungskosten, Sonderausgaben und außergewöhnliche Belastungen.

- **Steuerberatung**: Ziehe in Erwägung, einen Steuerberater zu konsultieren, um deine Steuerlast zu minimieren. Ein Steuerberater kann dir helfen, alle verfügbaren Steuervergünstigungen zu nutzen und deine Steuererklärung korrekt und optimiert zu erstellen.

Versicherungsstrategien

Eine effektive Versicherungsstrategie schützt dich vor finanziellen Risiken:

- **Bedarfsanalyse**: Bestimme, welche Versicherungen du wirklich brauchst, basierend auf deinen persönlichen Umständen und Risiken. Nicht jeder benötigt alle Arten von Versicherungen, daher ist eine individuelle Analyse wichtig.

- **Vergleich und Auswahl**: Vergleiche verschiedene Versicherungsangebote und wähle diejenigen aus, die das beste Preis-Leistungs-Verhältnis bieten. Online-Vergleichsportale können dir dabei helfen, die besten Angebote zu finden.

- **Regelmäßige Überprüfung**: Überprüfe regelmäßig deine Versicherungen und passe sie an, wenn sich deine Lebensumstände ändern. Beispielsweise könnte eine höhere Versicherungssumme notwendig sein, wenn du Kinder bekommst oder ein Haus kaufst.

- **Kombinierte Policen**: Erwäge, kombinierte Policen abzuschließen, die mehrere Versicherungen in einer Police bündeln. Dies kann oft günstiger sein als einzelne Policen.

Beispiel: Marias Versicherungsstrategie

Maria, eine alleinerziehende Mutter, erkannte die Bedeutung eines umfassenden Versicherungsschutzes. Sie begann mit einer Bedarfsanalyse und entschied sich für eine Kranken-, Haftpflicht- und Berufsunfähigkeitsversicherung. Durch den Vergleich verschiedener Anbieter fand sie die besten Angebote. Jährlich überprüfte sie ihre Policen und passte sie an ihre sich ändernden Lebensumstände an. So konnte Maria sicherstellen, dass sie und ihre Tochter gegen unvorhergesehene Ereignisse abgesichert waren, ohne unnötig hohe Prämien zu zahlen.

Einfaches Rechenbeispiel: Steueroptimierung

Angenommen, du verdienst 50.000 Euro pro Jahr und hast Werbungskosten von 2.000 Euro sowie Sonderausgaben von 1.500 Euro. Dein zu versteuerndes Einkommen wäre:

50.000 Euro - 2.000 Euro (Werbungskosten) - 1.500 Euro (Sonderausgaben) = 46.500 Euro

Wenn dein Steuersatz 30% beträgt, sparst du durch die Abzüge 1.050 Euro (3.500 Euro x 30%) an Steuern.

Notizen

Deine Gedanken und Erkenntnisse

[_____]
[_____]
[_____]
[_____]
[_____]
[_____]
[_____]
[_____]
[_____]
[_____]
[_____]

Kapitel 7: Finanzielle Ziele setzen und erreichen

Kurzfristige, mittelfristige und langfristige Ziele

Finanzielle Ziele sind essenziell für deine finanzielle Planung und dienen als Motivation, um diszipliniert zu sparen und zu investieren. Es ist hilfreich, deine Ziele in drei Kategorien zu unterteilen:

- **Kurzfristige Ziele** (bis zu 1 Jahr): Diese umfassen kleinere Anschaffungen oder Projekte, wie einen neuen Computer, eine Reise oder das Ansparen eines Notfallfonds. Kurzfristige Ziele sind konkret und leicht zu verfolgen.

- **Mittelfristige Ziele** (1-5 Jahre): Diese Ziele könnten größere Anschaffungen oder Projekte beinhalten, wie das Sparen für ein Auto, eine Anzahlung für ein Haus oder eine Weiterbildung. Mittelfristige Ziele erfordern etwas mehr Planung und Disziplin.

- **Langfristige Ziele** (mehr als 5 Jahre): Diese umfassen größere finanzielle Meilensteine wie den Ruhestand, die Finanzierung der Ausbildung deiner Kinder oder den Kauf einer Immobilie. Langfristige Ziele erfordern eine kontinuierliche und strategische Planung.

SMART-Methode zur Zielsetzung

Die SMART-Methode ist ein bewährter Ansatz zur Zielsetzung. SMART steht für:

- **Spezifisch**: Setze klare und präzise Ziele. Anstatt „Ich will mehr sparen", formuliere „Ich will monatlich 200 Euro sparen".

- **Messbar**: Stelle sicher, dass du den Fortschritt verfolgen kannst. Ein messbares Ziel wäre „Ich möchte innerhalb eines Jahres 2.400 Euro sparen".

- **Attraktiv**: Die Ziele sollten für dich persönlich wichtig und lohnenswert sein, um die nötige Motivation aufzubringen.

- **Realistisch**: Setze erreichbare Ziele, die deinen aktuellen Lebensumständen entsprechen. Unrealistische Ziele können demotivierend wirken.

- **Terminiert**: Gib deinen Zielen einen festen Zeitrahmen. „Ich möchte in den nächsten 12 Monaten 2.400 Euro sparen" ist ein klar terminiert Ziel.

Verfolgen und Anpassen der Ziele

Es ist wichtig, regelmäßig den Fortschritt deiner finanziellen Ziele zu überprüfen und bei Bedarf Anpassungen vorzunehmen:

- **Regelmäßige Überprüfung**: Setze dir feste Termine, um deine Fortschritte zu überprüfen, beispielsweise monatlich oder vierteljährlich. Notiere, wie viel du gespart oder investiert hast und vergleiche dies mit deinen Zielen.

- **Anpassungen vornehmen**: Wenn du feststellst, dass du hinter deinen Zielen zurückbleibst, überlege, warum das so ist und welche Änderungen du vornehmen kannst. Möglicherweise musst du dein Budget anpassen oder neue Einnahmequellen finden.

- **Flexibilität bewahren**: Ziele können sich ändern, basierend auf deinen Lebensumständen. Sei bereit, deine Ziele neu zu formulieren oder anzupassen, um sie an aktuelle Gegebenheiten anzupassen.

Beispiel: Peters SMART-Ziele

Peter, ein 40-jähriger Ingenieur, setzte sich das Ziel, in den nächsten fünf Jahren ein Haus zu kaufen. Er nutzte die SMART-Methode und formulierte sein Ziel folgendermaßen: „Ich möchte innerhalb von fünf Jahren 50.000 Euro für eine Anzahlung auf ein Haus sparen, indem ich monatlich 850 Euro zur Seite lege." Er überwachte seinen Fortschritt regelmäßig und passte sein Budget an, um sicherzustellen, dass er auf dem richtigen Weg blieb. Durch diszipliniertes Sparen und regelmäßige Überprüfung seiner Ziele konnte Peter sein Ziel erreichen und sein Traumhaus kaufen.

Einfaches Rechenbeispiel: Sparziel erreichen

Angenommen, du möchtest in drei Jahren 10.000 Euro für eine Reise sparen. Mit der SMART-Methode setzt du folgende Ziele:

- **Spezifisch**: 10.000 Euro für eine Reise

- **Messbar**: 10.000 Euro in 36 Monaten

- **Attraktiv**: Ein lang ersehnter Urlaub

- **Realistisch**: Sparen von 280 Euro pro Monat (10.000 Euro / 36 Monate)

- **Terminiert**: Innerhalb von 36 Monaten

Kapitel 8: Finanzielle Bildung und kontinuierliches Lernen

Warum finanzielle Bildung wichtig ist

Finanzielle Bildung ist der Schlüssel zu einer erfolgreichen Verwaltung deiner Finanzen. Sie hilft dir, fundierte Entscheidungen zu treffen und komplexe finanzielle Konzepte zu verstehen. Ohne ausreichendes Wissen könntest du riskante Entscheidungen treffen oder Chancen verpassen, dein Vermögen zu vergrößern.

Quellen für kontinuierliches Lernen

Es gibt viele Möglichkeiten, deine finanzielle Bildung zu erweitern:

- **Bücher**: Es gibt zahlreiche Bücher über persönliche Finanzen, Investitionen und Vermögensaufbau. Klassiker wie „Rich Dad Poor Dad" von Robert Kiyosaki oder „The Intelligent Investor" von Benjamin Graham bieten wertvolle Einblicke.

- **Online-Kurse**: Plattformen wie Coursera, Udemy oder Khan Academy bieten Kurse zu verschiedenen finanziellen Themen, von den Grundlagen bis zu fortgeschrittenen Investitionstechniken.

- **Blogs und Podcasts**: Finanzblogs und Podcasts bieten aktuelle Informationen und praktische Tipps. Beliebte Optionen sind der „Bogleheads Guide to Investing" Blog oder der Podcast „How to Money".

- **Finanzberater**: Ein qualifizierter Finanzberater kann dir personalisierte Ratschläge und Strategien geben. Ein Berater kann besonders nützlich sein, wenn deine Finanzen komplexer werden.

- **Netzwerke und Communities**: Schließe dich Finanzgruppen oder -foren an, um dich mit anderen zu vernetzen und Erfahrungen auszutauschen. Plattformen wie Reddit (z.B. /r/personalfinance) bieten wertvolle Community-Unterstützung.

Netzwerke und Communities

Sich mit Gleichgesinnten auszutauschen kann inspirierend und lehrreich sein. Hier sind einige Tipps, um das Beste aus Netzwerken und Communities herauszuholen:

- **Online-Foren**: Trete Finanzforen bei, in denen du Fragen stellen und von den Erfahrungen anderer lernen kannst. Reddit, Quora und spezielle Finanzforen sind gute Anlaufstellen.

- **Finanzielle Selbsthilfegruppen**: Diese Gruppen treffen sich regelmäßig, um über finanzielle Themen zu diskutieren und sich gegenseitig zu unterstützen. Sie können sowohl online als auch offline stattfinden.

- **Workshops und Seminare**: Besuche Workshops und Seminare zu finanziellen Themen. Diese Veranstaltungen bieten die Möglichkeit, von Experten zu lernen und sich mit anderen Interessierten zu vernetzen.

- **Social Media**: Folge Finanzexperten auf Plattformen wie Twitter, LinkedIn oder Instagram, um aktuelle Tipps und Ratschläge zu erhalten.

Beispiel: Lenas kontinuierliche Finanzbildung

Lena, eine 29-jährige Marketingmanagerin, entschied sich, ihre finanzielle Bildung zu vertiefen, um bessere Entscheidungen treffen zu können. Sie begann mit dem Lesen von Finanzbüchern und nahm an mehreren Online-Kursen teil. Lena trat auch einer Finanz-Community bei, wo sie regelmäßig an Diskussionen teilnahm und von den Erfahrungen anderer lernte. Durch diese kontinuierliche Weiterbildung konnte sie ihr Wissen erweitern und ihre Finanzstrategien optimieren, was ihr half, ihre finanziellen Ziele schneller zu erreichen.

Einfaches Rechenbeispiel: Lernbudget

Angenommen, du möchtest monatlich 50 Euro in deine finanzielle Bildung investieren. Das könnten Bücher, Online-Kurse oder Seminare sein. Über ein Jahr verteilt hast du dann ein Lernbudget von 600 Euro:

50 Euro x 12 Monate = 600 Euro

Mit diesem Budget kannst du deine finanzielle Bildung systematisch ausbauen.

Notizen

Deine Gedanken und Erkenntnisse

[------------------------------]
[------------------------------]
[------------------------------]
[------------------------------]
[------------------------------]
[------------------------------]
[------------------------------]
[------------------------------]
[------------------------------]
[------------------------------]
[------------------------------]
[------------------------------]
[------------------------------]
[------------------------------]
[------------------------------]
[------------------------------]

9: Fallstudien und Erfolgsgeschichten

Beispiele von Personen, die finanzielle Freiheit erreicht haben

Erfolgsgeschichten können motivierend und lehrreich sein. Hier sind einige Beispiele von Personen, die finanzielle Freiheit erreicht haben und was wir von ihnen lernen können:

- **Der Fall von Laura und Tom**: Laura und Tom sind ein Ehepaar in ihren 30ern, die durch diszipliniertes Sparen und kluge Investitionen in Immobilien finanzielle Freiheit erreicht haben. Sie begannen mit einem strikten Budget und investierten ihre Ersparnisse in Mietobjekte. Innerhalb von 10 Jahren konnten sie genügend passives Einkommen generieren, um ihre Vollzeitjobs aufzugeben und ihren Traum vom Reisen zu verwirklichen.

- **Die Geschichte von Alex**: Alex, ein Softwareentwickler, investierte frühzeitig in Aktien und ETFs. Durch kontinuierliches Lernen und regelmäßige Investitionen konnte er sein Portfolio erheblich wachsen lassen. Mit 45 Jahren hatte er genügend Vermögen aufgebaut, um frühzeitig in den Ruhestand zu gehen und sich seinen Hobbys zu widmen.

- **Das Beispiel von Maria**: Maria, eine alleinerziehende Mutter, nutzte Nebenjobs und striktes Sparen, um ihre Schulden abzubauen und ein finanzielles Polster aufzubauen. Sie bildete sich kontinuierlich weiter und lernte, wie sie ihre Ersparnisse in Aktien und Anleihen investieren kann. Heute genießt sie finanzielle Sicherheit und plant, in den nächsten Jahren ein eigenes kleines Unternehmen zu gründen.

Was man von ihnen lernen kann

Diese Erfolgsgeschichten zeigen, dass finanzielle Freiheit durch verschiedene Wege erreicht werden kann, aber einige gemeinsame Prinzipien gelten:

- **Disziplin**: Konsequent zu sparen und zu investieren erfordert Disziplin und Geduld. Regelmäßige Beiträge und das Einhalten eines Budgets sind entscheidend.

- **Bildung**: Ständige Weiterbildung und das Verstehen von Finanzmärkten und -produkten sind unerlässlich. Gut informierte Entscheidungen führen zu besseren Ergebnissen.

- **Diversifikation**: Das Streuen von Investitionen über verschiedene Anlageklassen reduziert Risiken und erhöht die Chancen auf Rendite.

- **Langfristiges Denken**: Finanzielle Freiheit wird selten über Nacht erreicht. Ein langfristiger Ansatz und das Nutzen von Zinseszinsen sind entscheidend für den Erfolg.

Notizen

Deine Gedanken und Erkenntnisse

[— —]
[— —]
[— —]
[— —]
[— —]
[— —]
[— —]
[— —]
[— —]
[— —]

Beispiel: Rechenbeispiel zur Wertentwicklung von Investitionen

Angenommen, du investierst monatlich 100 Euro in einen Aktien-ETF mit einer durchschnittlichen jährlichen Rendite von 7%. Hier ist, wie sich dein Investment über 10 Jahre entwickeln könnte:

- **Monatliche Investition**: 100 Euro
- **Jährliche Rendite**: 7%
- **Dauer**: 10 Jahre

Die Berechnung der zukünftigen Wertentwicklung erfolgt durch die Formel des Zinseszinses:

- Du zahlst jeden Monat 100 Euro ein. Das sind im Jahr 1.200 Euro.
- Jedes Jahr bekommst du auf dein eingezahltes Geld 7% Zinsen.
- Nach einem Jahr hast du durch die Zinsen bereits 1.284 Euro (1.200 Euro + 7% Zinsen).
- Im zweiten Jahr zahlst du wieder 1.200 Euro ein, und die neuen Zinsen berechnen sich auf die Summe von 2.484 Euro.

Durch diesen Prozess summiert sich das Geld über die Jahre. Nach 10 Jahren hast du etwa 17.000 Euro, obwohl du nur 12.000 Euro eingezahlt hast.

Notizen

Deine Gedanken und Erkenntnisse

[―――――――――――――――――――――――――]
[―――――――――――――――――――――――――]
[―――――――――――――――――――――――――]
[―――――――――――――――――――――――――]
[―――――――――――――――――――――――――]
[―――――――――――――――――――――――――]
[―――――――――――――――――――――――――]
[―――――――――――――――――――――――――]
[―――――――――――――――――――――――――]

Rechenbeispiel zur Wertentwicklung bei längerer Anlagedauer

Betrachten wir nun eine längere Anlagedauer von 30 Jahren mit der gleichen monatlichen Investition und Rendite:

- **Monatliche Investition**: 100 Euro
- **Jährliche Rendite**: 7%
- **Dauer**: 30 Jahre
- Du zahlst jeden Monat 100 Euro ein. Das sind im Jahr 1.200 Euro.
- Jedes Jahr bekommst du auf dein eingezahltes Geld 7% Zinsen.
- Nach einem Jahr hast du durch die Zinsen bereits 1.284 Euro (1.200 Euro + 7% Zinsen).
- Im zweiten Jahr zahlst du wieder 1.200 Euro ein, und die neuen Zinsen berechnen sich auf die Summe von 2.484 Euro.

Durch diesen Prozess summiert sich das Geld über die Jahre. Nach 30 Jahren hast du etwa 122.000 Euro, obwohl du nur 36.000 Euro eingezahlt hast.

Notizen

Deine Gedanken und Erkenntnisse

[----------------------------------]
[----------------------------------]
[----------------------------------]
[----------------------------------]
[----------------------------------]
[----------------------------------]
[----------------------------------]
[----------------------------------]
[----------------------------------]
[----------------------------------]

Kapitel 10: Schlusswort

Zusammenfassung der wichtigsten Punkte

Du hast jetzt eine umfassende Anleitung zur finanziellen Freiheit durchlaufen. Hier sind die wichtigsten Punkte zusammengefasst:

- **Verstehen der persönlichen Finanzen**: Grundbegriffe wie Einkommen, Ausgaben, Ersparnisse und Investitionen sind entscheidend für die Verwaltung deiner Finanzen.
- **Budgetierung und Sparen**: Ein effektives Budget und regelmäßiges Sparen sind die Basis für finanzielle Sicherheit.
- **Schuldenmanagement**: Das Reduzieren und Vermeiden von Schulden ist entscheidend für die finanzielle Gesundheit.
- **Investitionen**: Durch kluges Investieren kannst du dein Vermögen wachsen lassen und langfristige finanzielle Ziele erreichen.
- **Ruhestand planen**: Eine gut geplante Altersvorsorge gibt dir Sicherheit und Freiheit im Ruhestand.
- **Steuern und Versicherungen**: Verstehe und optimiere deine Steuern und versichere dich gegen finanzielle Risiken.
- **Finanzielle Ziele setzen und erreichen**: Setze klare, messbare und erreichbare Ziele und verfolge sie konsequent.
- **Kontinuierliches Lernen**: Finanzielle Bildung ist ein fortlaufender Prozess, der dich befähigt, bessere finanzielle Entscheidungen zu treffen.
- **Erfolgsgeschichten**: Lass dich von den Erfahrungen anderer inspirieren und lerne von ihren Erfolgen und Herausforderungen.

Schlusswort

Motivation und Ausblick

Dein Weg zur finanziellen Freiheit ist ein Marathon, kein Sprint. Es erfordert Geduld, Disziplin und kontinuierliches Lernen. Denke daran, dass jeder kleine Schritt in die richtige Richtung zählt und dich deinem Ziel näher bringt.

Mache den ersten Schritt, indem du die Prinzipien dieses Buches anwendest. Beginne heute mit dem Aufbau deines Budgets, dem Sparen eines Notfallfonds oder der Planung deiner Investitionen. Mit jedem Schritt wirst du mehr Kontrolle über deine Finanzen gewinnen und deinem Traum von finanzieller Freiheit einen Schritt näher kommen.

Ich wünsche dir viel Erfolg auf deinem Weg und hoffe, dass dieses Buch dir die Werkzeuge und das Wissen gegeben hat, um deine finanziellen Ziele zu erreichen. Bleib motiviert, lerne kontinuierlich dazu und behalte deine Ziele stets im Blick. Deine finanzielle Freiheit ist erreichbar – du musst nur den ersten Schritt machen.

www.ingramcontent.com/pod-product-compliance
Lightning Source LLC
Chambersburg PA
CBHW072056230526
45479CB00010B/1103